Impressum
Verlag: BABADADA GmbH, Nedderfeld 112 , 22529 Hamburg
Geschäftsführer / Verlagsleitung: Harald Hof
Druck: Books on Demand GmbH, In de Tarpen 42, 22848 Norderstedt

Imprint
Publisher: BABADADA GmbH, Nedderfeld 112 , 22529 Hamburg, Germany
Managing Director / Publishing direction: Harald Hof
Print: Books on Demand GmbH, In de Tarpen 42, 22848 Norderstedt

skole
l'école

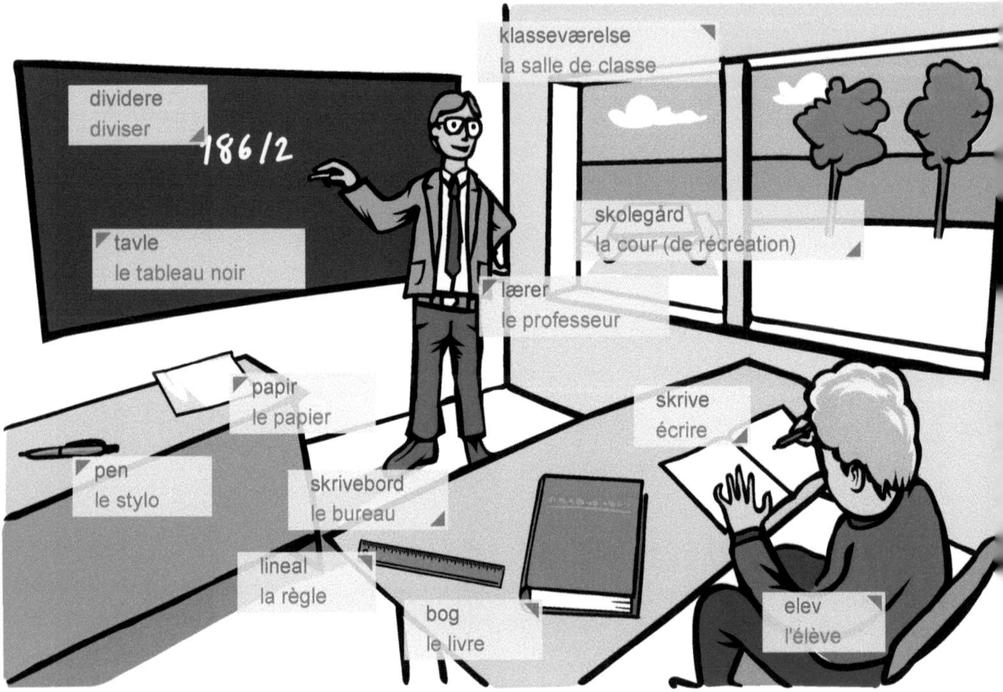
klasseværelse
la salle de classe
dividere
diviser
186/2
tavle
le tableau noir
skolegård
la cour (de récréation)
lærer
le professeur
papir
le papier
skrive
écrire
pen
le stylo
skrivebord
le bureau
lineal
la règle
bog
le livre
elev
l'élève

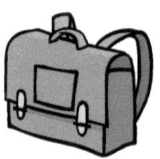

skoletaske

le cartable

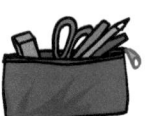

penalhus

la trousse

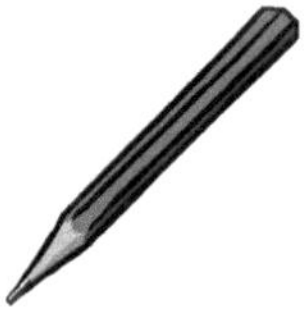

blyant

le crayon

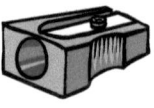

blyantspidser

le taille-crayon

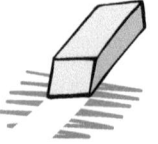

viskelæder

la gomme

tegneblok

le carnet à dessin

tegning

le dessin

pensel

le pinceau

æske med vandfarver

la boîte de peinture

saks

les ciseaux

lim

la colle

opgavehefte

le cahier d'exercices

lektie

les devoirs

12

tal

le chiffre

2+2

addere

additionner

5-2

subtrahere

soustraire

2×2

multiplicere

multiplier

regne

calculer

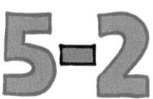

bogstav

la lettre

ABCDEFG HIJKLMN OPQRSTU VWXYZ

alfabet

l'alphabet

ord

le mot

tekst

le texte

læse

lire

kridt

la craie

time

la leçon

klasseprotokol

le livre de classe

eksamen

l'examen

karakterbog

le certificat

skoleuniform

l'uniforme scolaire

uddannelse

la formation

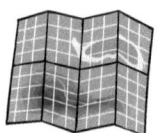

leksikon

le lexique

universitet

l'université

mikroskop

le microscope

kort

la carte

papirkurv

la corbeille à papier

4

skole - l'école

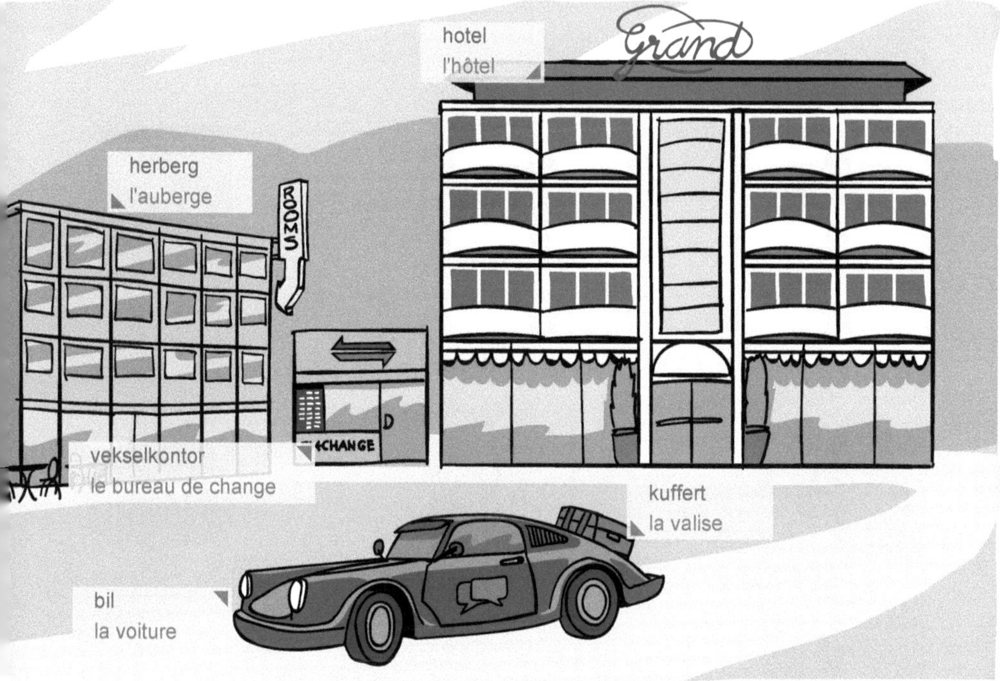

hotel
l'hôtel
Grand
herberg
l'auberge
ROOMS
vekselkontor
le bureau de change
CHANGE
kuffert
la valise
bil
la voiture

sprog
la langue

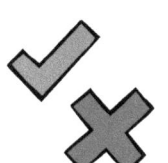

ja / nej
oui / non

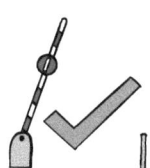

okay
d'accord

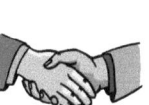

hej
Salut

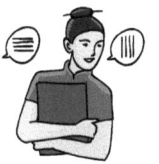

oversætter
l'interprète

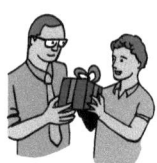

tak
merci

hvad koster...?

Combien coûte...?

Jeg forstår ikke

Je ne comprends pas

problem

le problème

God aften!

Bonsoir !

God morgen!

Bonjour !

God nat!

Bonne nuit !

farvel

Au revoir

retning

la direction

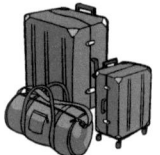

bagage

les bagages

taske

le sac

rygsæk

le sac-à-dos

gæst

l'hôte

værelse

la pièce

sovepose

le sac de couchage

telt

la tente

rejse - le voyage

turistinformation

l'office de tourisme

strand

la plage

kreditkort

la carte de crédit

morgenmad

le petit-déjeuner

middagsmad

le déjeuner

aftensmad

le dîner

billet

le billet

elevator

l'ascenseur

frimærke

le timbre

grænse

la frontière

told

la douane

ambassade

l'ambassade

visum

le visa

pas

le passeport

transport

le transport

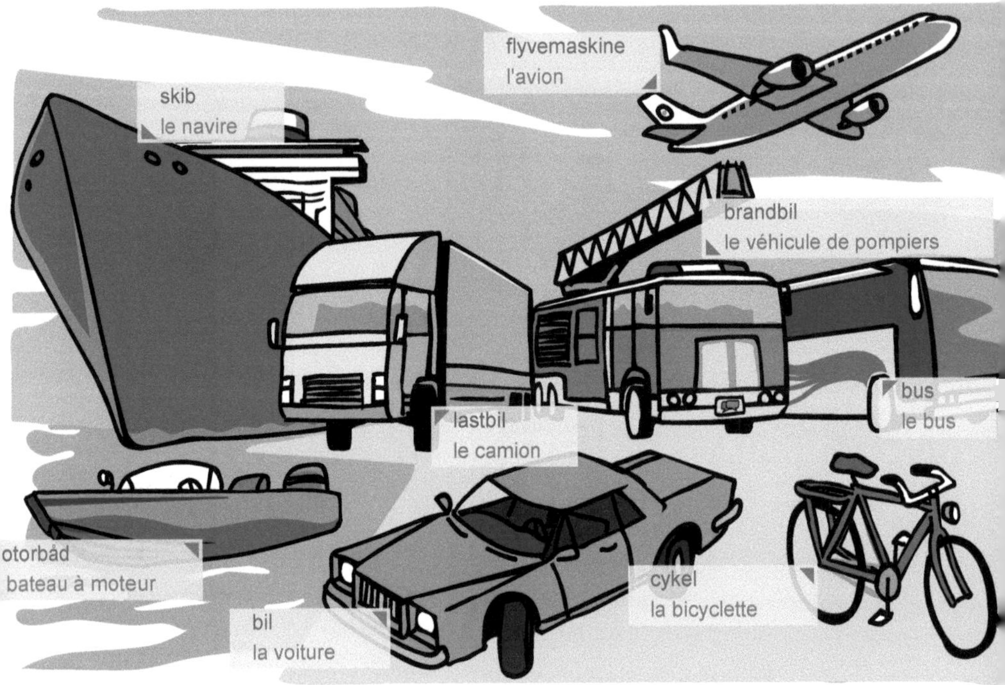
flyvemaskine
l'avion
skib
le navire
brandbil
le véhicule de pompiers
lastbil
le camion
bus
le bus
otorbåd
bateau à moteur
cykel
la bicyclette
bil
la voiture

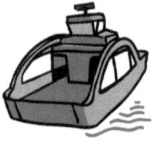

færge

le ferry

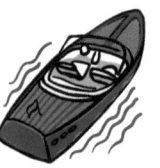

båd

la barque

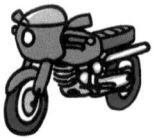

motorcykel

la moto

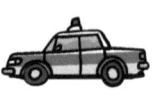

politibil

la voiture de police

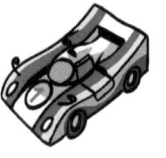

racerbil

la voiture de course

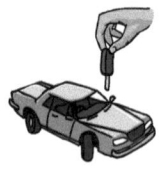

lejebil

la voiture de location

samkørsel

l'auto-partage

kranbil

la voiture de remorquage

skraldebil

la benne à ordures

motor

le moteur

benzin

l'essence

tankstation

la station d'essence

trafikskilt

le panneau indicateur

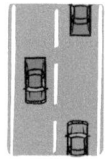

trafik

le trafic

trafikprop

l'embouteillage

parkeringsplads

le parking

banegård

la gare

skinner

les rails

tog

le train

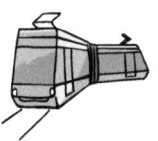

sporvogn

le tramway

wagon

le wagon

helikopter

l'hélicoptère

lufthavn

l'aéroport

tårn

la tour

passager

le passager

container

le conteneur

karton

le carton

kærre

le chariot

kurv

la corbeille

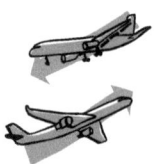

starte / lande

décoller / atterrir

by

la ville

landsby

le village

bymidte

le centre-ville

hus

la maison

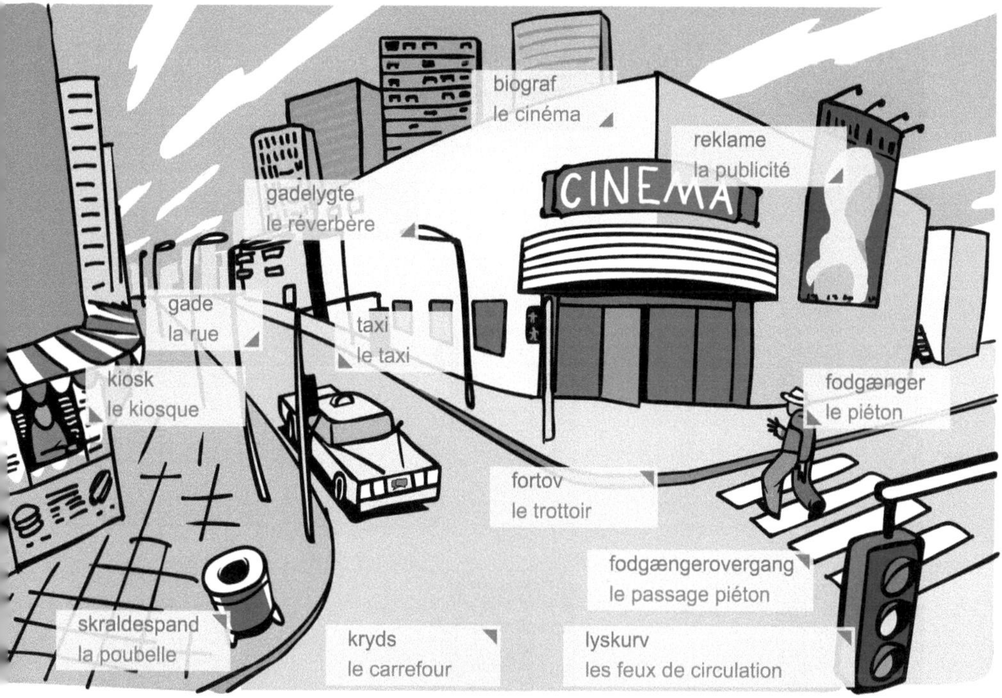

biograf
le cinéma

reklame
la publicité

gadelygte
le réverbère

gade
la rue

taxi
le taxi

fodgænger
le piéton

kiosk
le kiosque

fortov
le trottoir

fodgængerovergang
le passage piéton

skraldespand
la poubelle

kryds
le carrefour

lyskurv
les feux de circulation

CINEMA

hytte
la cabane

lejlighed
l'appartement

banegård
la gare

rådhus
la mairie

museum
le musée

skole
l'école

universitet
l'université

bank
la banque

sygehus
l'hôpital

hotel
l'hôtel

apotek
la pharmacie

kontor
le bureau

boghandel
la librairie

butik
le magasin

blomsterbutik
le fleuriste

supermarked
le supermarché

marked
le marché

stormagasin
le grand magasin

fiskehandler
la poissonnerie

butikscenter
le centre commercial

havn
le port

park

le parc

bænk

la banque

bro

le pont

trappe

les escaliers

undergrundsbane

le métro

tunnel

le tunnel

busstoppested

l'arrêt de bus

barnevogn

le bar

restaurant

le restaurant

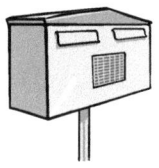

postkasse

la boîte à lettres

vejskilt

le panneau indicateur

parkometer

le parcmètre

zoo

le zoo

badeanstalt

le réverbère

moske

la mosquée

bondegård
la ferme

miljøforurening
la pollution

kirkegård
la cimetière

kirke
l'église

legeplads
l'aire de jeux

tempel
le temple

landskab
le paysage

blad
la feuille

vejviser
le panneau indicateur

vej
le chemin

eng
le pré

sten
la pierre

træ
l'arbre

vandrer
le randonneur

flod
la rivière

græs
l'herbe

blomst
la fleur

dal
la vallée

bjerg
la montagne

sø
le lac

skov
la forêt

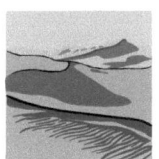

ørken
le désert

vulkan
le volcan

slot
le château

regnbue
l'arc-en-ciel

svamp
le champignon

palme
le palmier

moskito
le moustique

flue
la mouche

myre
les fourmis

bi
l'abeille

edderkop
l'araignée

bille

le coléoptère

frø

la grenouille

egern

l'écureuil

pindsvin

le hérisson

hare

le lièvre

ugle

la chouette

fugl

l'oiseau

svane

le cygne

vildsvin

le sanglier

hjort

le cerf

elg

l'élan

dæmning

le barrage

vindmølle

l'éolienne

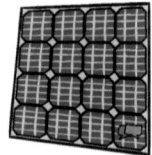

solcellemodul

le panneau solaire

klima

le climat

restaurant
le restaurant

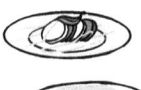

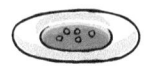

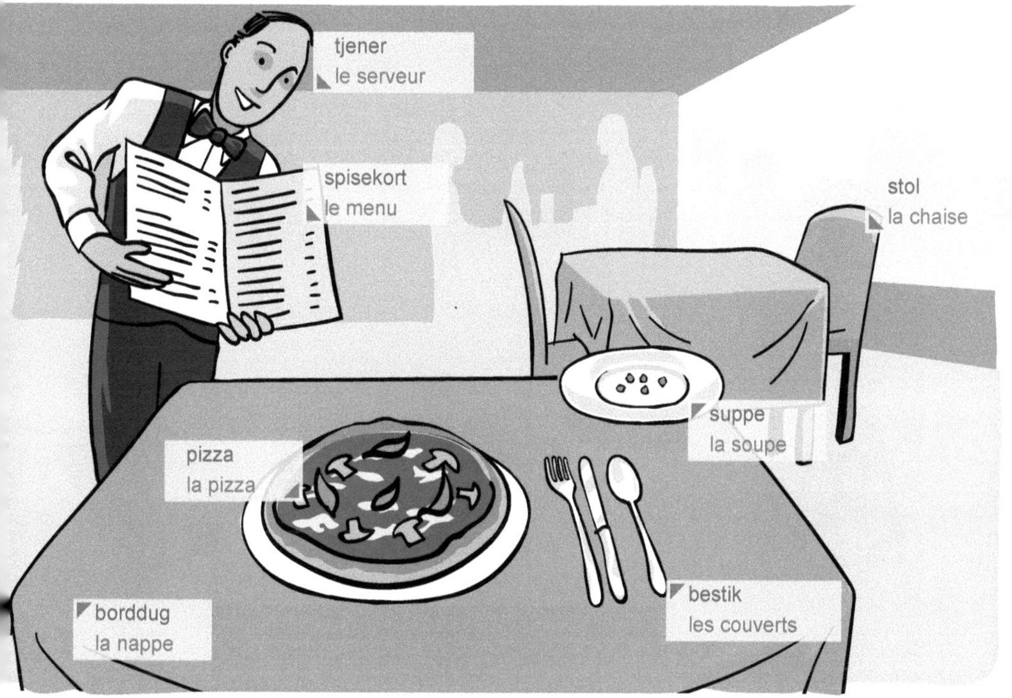
tjener
le serveur
spisekort
le menu
stol
la chaise
suppe
la soupe
pizza
la pizza
bestik
les couverts
borddug
la nappe

forret
les hors d'œuvre

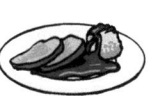

hovedret
le plat principal

dessert
le dessert

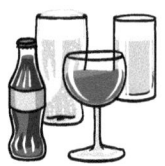

drikkevarer
les boissons

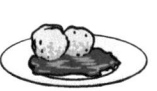

mad
l'alimentation

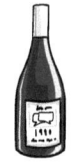

flaske
la bouteille

fastfood

le fast-food

streetfood

les plats à emporter

tekande

la théière

sukkerdåse

le sucrier

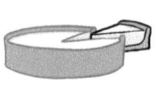

portion

la portion

espressomaskine

la machine à expresso

barnestol

la chaise haute

faktura

la facture

tablet

le plateau

kniv

le couteau

gaffel

la fourchette

ske

la cuillère

teske

la cuillère à thé

serviet

la serviette

glas

le verre

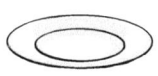

tallerken

l'assiette

dyb tallerken

l'assiette à soupe

underkop

la soucoupe

sovs

la sauce

saltbøsse

la salière

peberkværn

le moulin à poivre

eddike

le vinaigre

olie

l'huile

krydderier

les épices

ketchup

le ketchup

sennep

la moutarde

mayonnaise

la mayonnaise

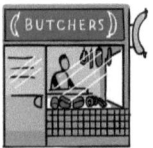

supermarked

le supermarché

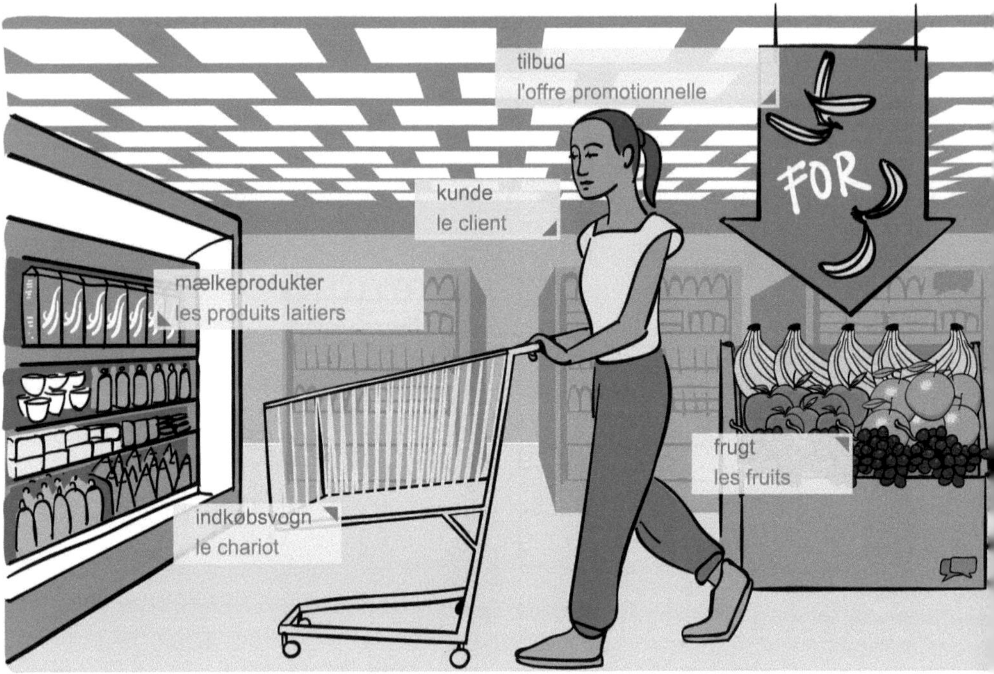

tilbud
l'offre promotionnelle
FOR
kunde
le client
mælkeprodukter
les produits laitiers
frugt
les fruits
indkøbsvogn
le chariot

BUTCHERS

slagter

la boucherie

BAKERY

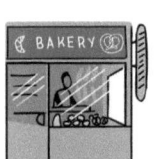

bageri

la boulangerie

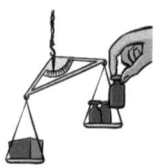

veje

peser

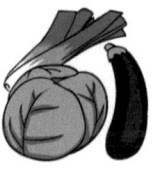

grøntsager

les légumes

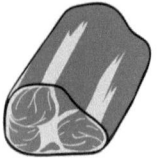

kød

la viande

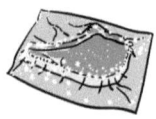

frostvarer

les aliments surgelés

pålæg

la charcuterie

konserves

les conserves

vaskemiddel

la poudre à lessive

slik

les bonbons

husholdningsvarer

les articles ménagers

rengøringsmidler

les détergents

ekspedient

la vendeuse

kasse

la caisse

kasserer

le caissier

indkøbsliste

la liste d'achats

åbningstider

les heures d'ouverture

tegnebog

le portefeuille

kreditkort

la carte de crédit

taske

le sac

plasticpose

le sac en plastique

vand

l'eau

saft

le jus de fruit

mælk

le lait

cola

le coca

vin

le vin

øl

la bière

alkohol

l'alcool

kakao

le chocolat chaud

te

le thé

kaffe

le café

espresso

l'expresso

cappuccino

le cappuccino

banan

la banane

æble

la pomme

appelsin

l'orange

melon

le melon

citron

le citron.

gulerod

la carotte

hvidløg

l'ail

bambus

le bambou

løg

l'oignon

svamp

le champignon

nødder

les noisettes

nudler

les pâtes

spaghetti

les spaghetti

ris

le riz

salat

la salade

pomfritter

les pommes frites

stegte kartofler

les pommes de terre rôties

pizza

la pizza

hamburger

le hamburger

sandwich

le sandwich

schnitzel

l'escalope

skinke

le jambon

salami

le salami

pølse

la saucisse

kylling

le poulet

steg

le rôti

fisk

le poisson

mad - l'alimentation

havregryn

les flocons d'avoine

mysli

le muesli

cornflakes

les cornflakes

mel

la farine

croissant

le croissant

rundstykke

les petits-pains

brød

le pain

toast

le pain grillé

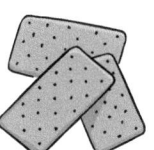

kiks

les biscuits

smør

le beurre

kvark

le fromage blanc

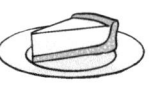

kage

le gâteau

æg

l'œuf

spejlæg

l'œuf au plat

ost

le fromage

mad - l'alimentation

is
....
la glace

sukker
....
le sucre

honning
....
le miel

marmelade
....
la confiture

nougat-creme
....
la crème nougat

karry
....
le curry

bondegård
la ferme

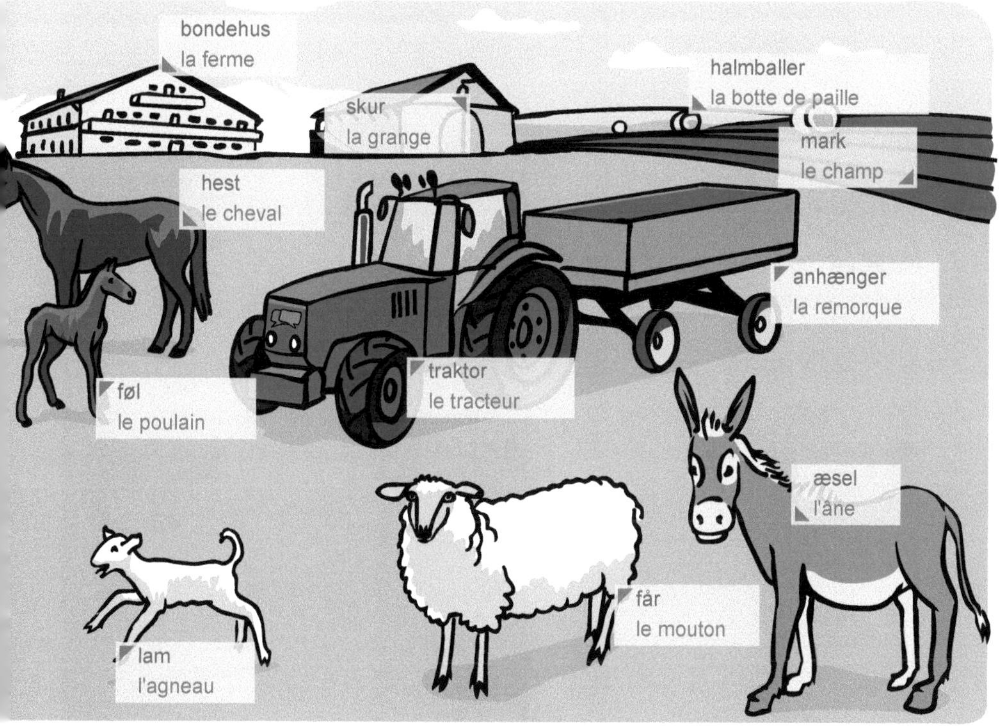
bondehus
la ferme
halmballer
la botte de paille
skur
la grange
mark
le champ
hest
le cheval
anhænger
la remorque
traktor
le tracteur
føl
le poulain
æsel
l'âne
får
le mouton
lam
l'agneau

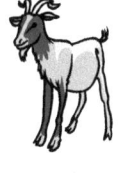

ged

la chèvre

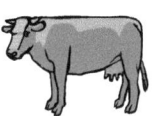

ko

la vache

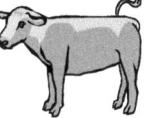

kalv

le veau

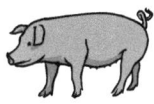

svin

le porc

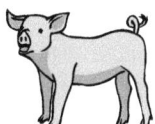

gris

le porcelet

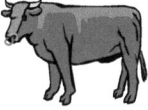

tyr

le taureau

gås
l'oie

and
le canard

kylling
le poussin

høne
la poule

hane
le coq

rotte
le rat

kat
le chat

mus
la souris

okse
le bœuf

hund
le chien

hundehus
le chenil

haveslange
le tuyau de jardin

vandkande
l'arrosoir

le
la faucheuse

plov
la charrue

segl

la faucille

hakkejern

la pioche

møggreb

la fourche

økse

la hache

trillebør

la brouette

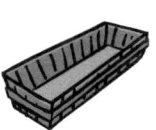

trug

la cuve

mælkekande

le pot à lait

sæk

le sac

hæk

la clôture

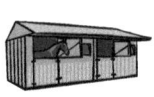

stald

l'étable

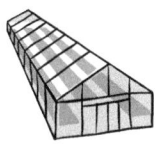

drivhus

le serre

jord

le sol

frø

les semences

gødning

l'engrais

mejetærsker

la moissonneuse-batteuse

høste
récolter

høst
la récolte

yams
l'igname

hvede
le blé

soja
le soja

kartoffel
la pomme de terre

majs
le maïs

raps
le colza

frugttræ
l'arbre fruitier

maniok
le manioc

korn
les céréales

hus
la maison

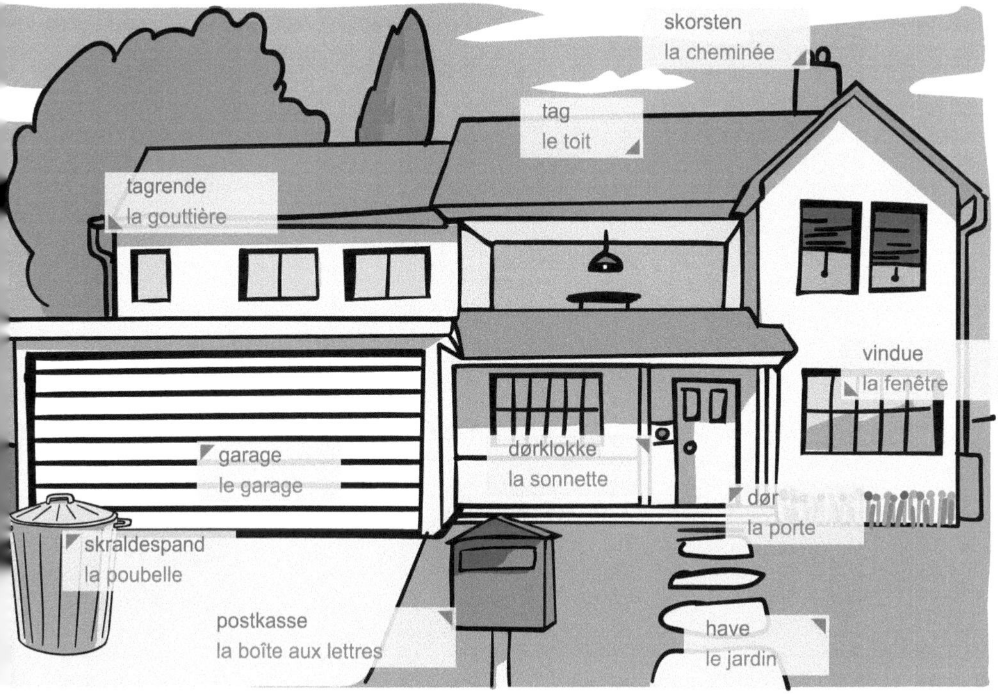
skorsten
la cheminée
tag
le toit
tagrende
la gouttière
vindue
la fenêtre
garage
le garage
dørklokke
la sonnette
dør
la porte
skraldespand
la poubelle
postkasse
la boîte aux lettres
have
le jardin

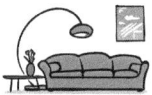

stue
le salon

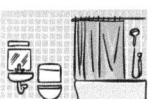

badeværelse
la salle de bain

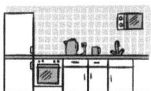

køkken
la cuisine

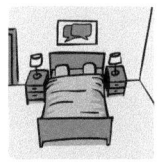

soveværelse
la chambre à coucher

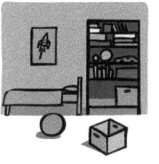

børneværelse
la chambre d'enfant

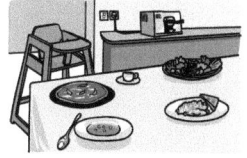

spisestue
la salle à manger

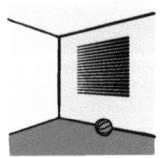

gulv

le sol

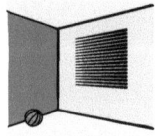

væg

le mur

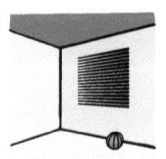

loft

le plafond

kælder

la cave

sauna

le sauna

altan

le balcon

terrasse

la terrasse

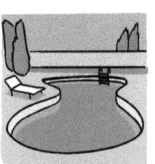

svømmehal

la piscine

plæneklipper

la tondeuse à gazon

dynebetræk

la housse

dyne

la couette

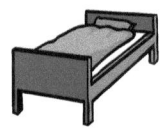

seng

le lit

kost

le balai

spand

le sceau

kontakt

l'interrupteur

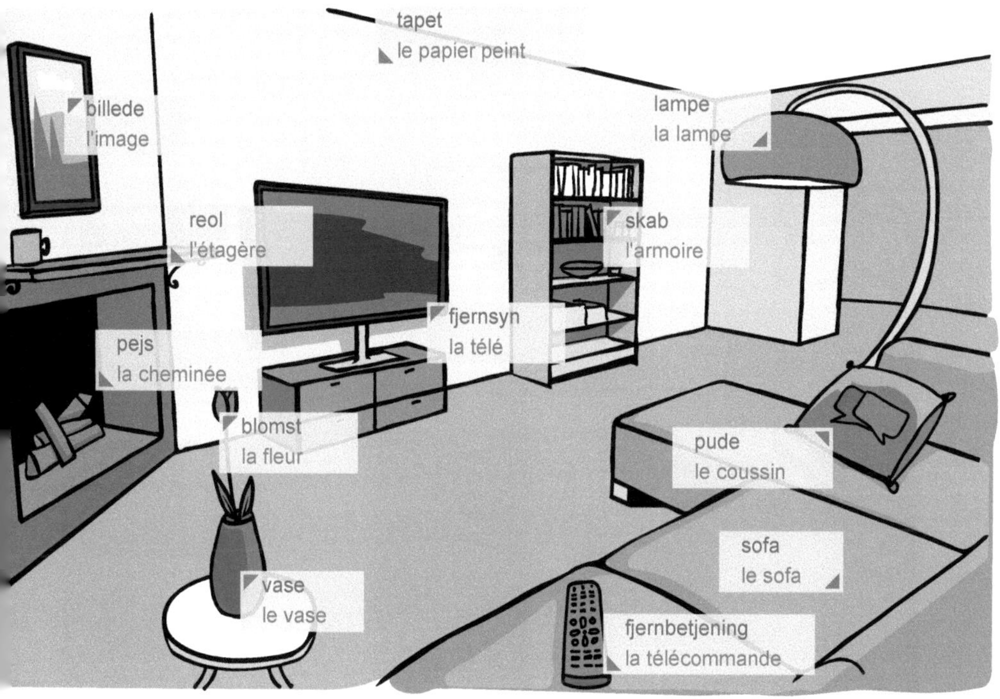

tapet
le papier peint

billede
l'image

lampe
la lampe

reol
l'étagère

skab
l'armoire

pejs
la cheminée

fjernsyn
la télé

blomst
la fleur

pude
le coussin

vase
le vase

sofa
le sofa

fjernbetjening
la télécommande

gulvtæppe
le tapis

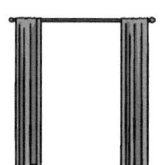

gardin
le rideau

bord
la table

stol
la chaise

gyngestol
la chaise à bascule

lænestol
le fauteuil

bog

le livre

tæppe

la couverture

dekoration

la décoration

brænde

le bois de chauffage

film

le film

stereoanlæg

la chaîne hi-fi

nøgle

la clé

avis

le journal

maleri

la peinture

plakat

le poster

radio

la radio

notesblok

le bloc-notes

støvsuger

l'aspirateur

kaktus

le cactus

lys

la bougie

køkken
la cuisine

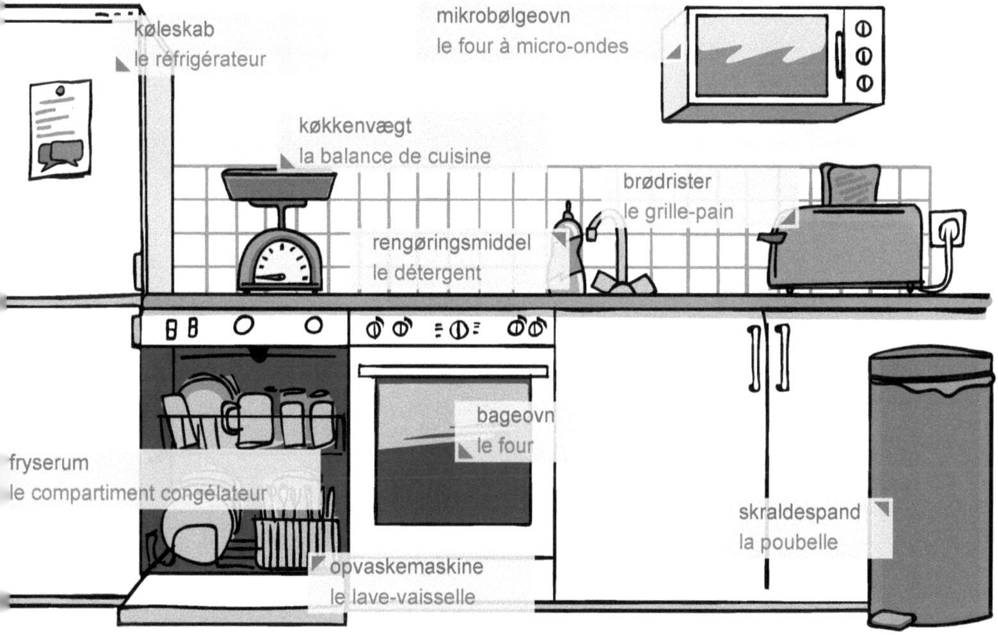
køleskab
le réfrigérateur
mikrobølgeovn
le four à micro-ondes
køkkenvægt
la balance de cuisine
brødrister
le grille-pain
rengøringsmiddel
le détergent
bageovn
le four
fryserum
le compartiment congélateur
skraldespand
la poubelle
opvaskemaskine
le lave-vaisselle

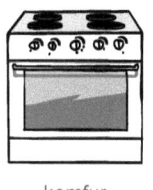

komfur

le four

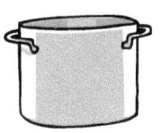

gryde

la casserole

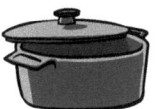

jerngryde

la marmite

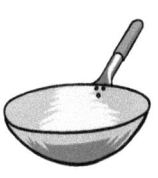

wok / kadai

le wok / kadai

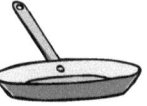

pande

la poêle

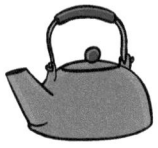

elkedel

la bouilloire electrique

dampkoger

le cuiseur vapeur

bageplade

la plaque de cuisson

service

la vaisselle

bæger

le gobelet

skål

la coupe

spisepinde

les baguettes

øseske

la louche

paletkniv

la spatule

piskeris

le fouet

dørslag

la passoire

si

le tamis

rive

la râpe

morter

le mortier

grille

le barbecue

ildsted

la cheminée

skærebræt

la planche à découper

kagerulle

le rouleau à pâtisserie

proptrækker

le tire-bouchon

dåse

la boîte

dåseåbner

l'ouvre-boîte

grydelap

les maniques

køkkenvask

le lavabo

børste

la brosse

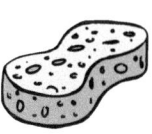

svamp

l'éponge

blender

le mixeur

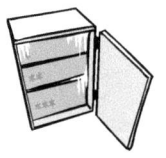

dybfryser

le congélateur

sutteflaske

le biberon

vandhane

le robinet

køkken - la cuisine

badeværelse

la salle de bain

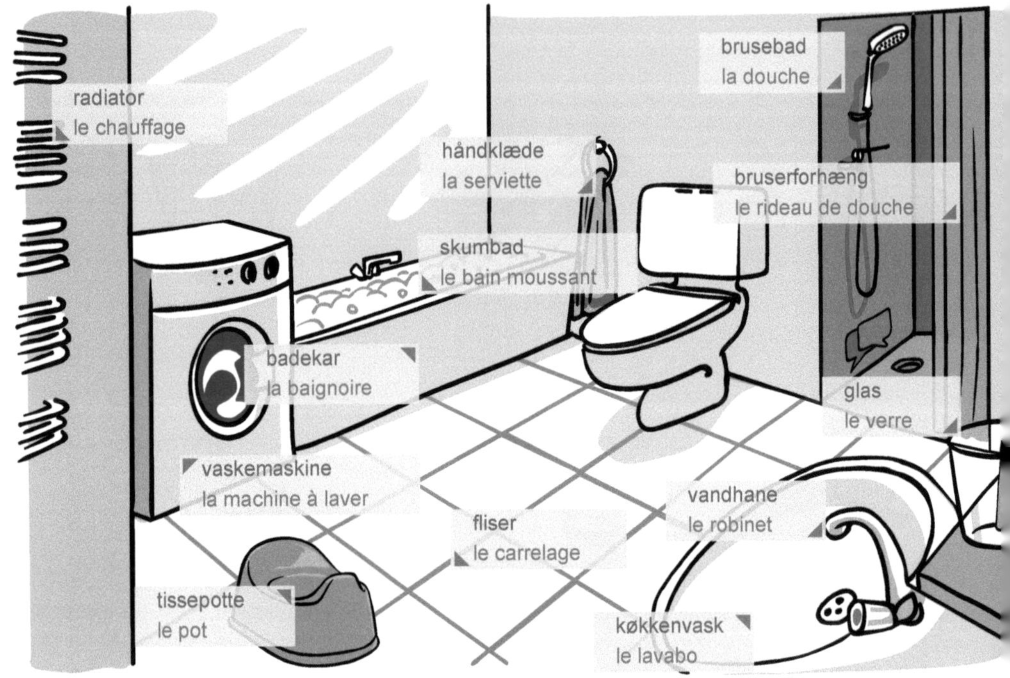

radiator
le chauffage
brusebad
la douche
håndklæde
la serviette
bruserforhæng
le rideau de douche
skumbad
le bain moussant
badekar
la baignoire
glas
le verre
vaskemaskine
la machine à laver
vandhane
le robinet
fliser
le carrelage
tissepotte
le pot
køkkenvask
le lavabo

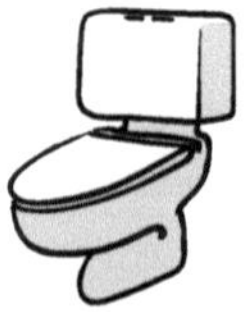

toilet

les toilettes

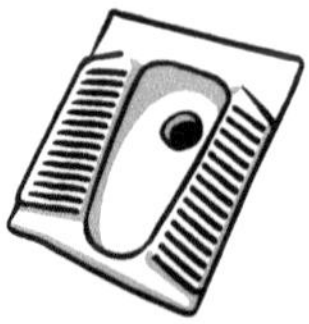

hugsiddende toilet

la toilette à la turque

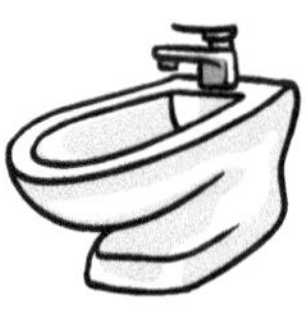

bidet

le bidet

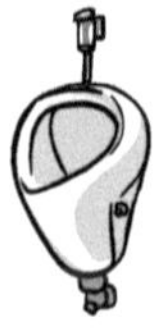

pissoir

l'urinoir

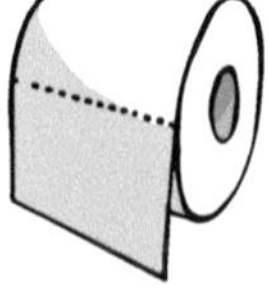

toiletpapir

le papier toilette

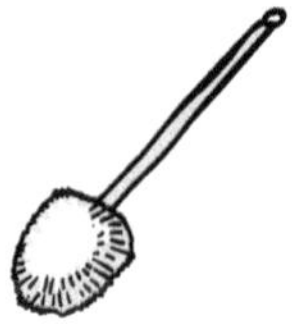

toiletbørste

la brosse à toilette

tandbørste

la brosse à dents

tandpasta

le dentifrice

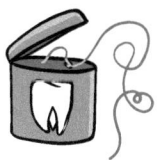

tandtråd

le fil dentaire

vaske

laver

håndbruser

la douche manuelle

intimbruser

la douche intime

vaskefad

la vasque

badebørste

la brosse dorsale

sæbe

le savon

brusegele

le gel douche

shampoo

le shampooing

vaskeklud

le gant de toilette

afløb

l'écoulement

creme

la crème

deodorant

le déodorant

spejl

le miroir

kosmetikspejl

le miroir cosmétique

barberhøvl

le rasoir

barberskum

la mousse à raser

barbervand

l'après-rasage

kam

la peigne

børste

la brosse

hårtørrer

le sèche-cheveux

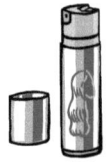

hårspray

la laque pour cheveux

makeup

le fond de teint

læbestift

le rouge à lèvres

neglelak

le vernis à ongles

vat

l'ouate

neglesaks

le coupe-ongles

parfume

le parfum

toilettaske

la trousse de toilette

skammel

le tabouret

vægt

le pèse-personne

badekåbe

le peignoir

gummihandsker

les gants de nettoyage

tampon

le tampon

damebind

serviettes hygiéniques

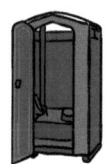

kemisk toilet

la toilette chimique

børneværelse
la chambre d'enfant

vækkeur
le réveil
bamse
le doudou
legetøjsbil
la voiture jouet
skralde
le hochet
dukkehus
la maison de poupée
gave
le cadeau

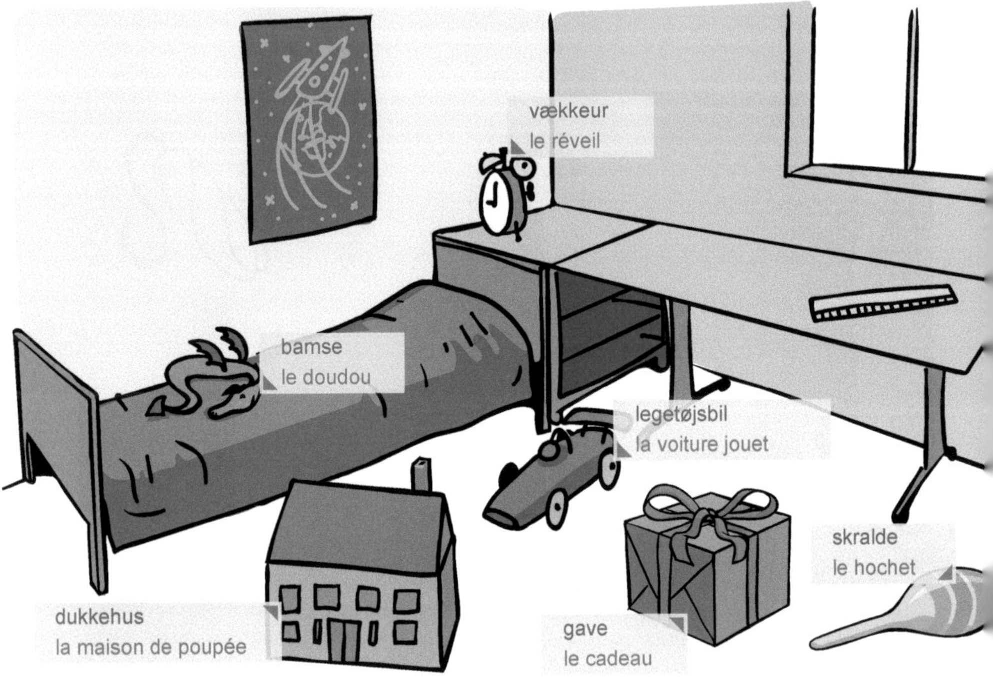

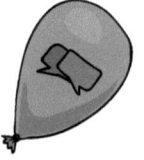

ballon

le ballon

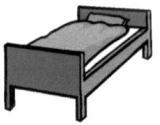

seng

le lit

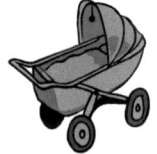

barnevogn

la poussette

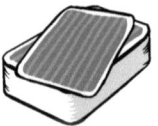

kortspil

le jeu de cartes

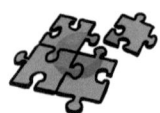

puslespil

le puzzle

SUPER MEGA

tegneserie

la bande dessinée

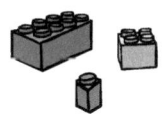

legoklodser

les pièces lego

byggeklodser

les blocs de construction

action figur

la figurine

sparkedragt

la grenouillère

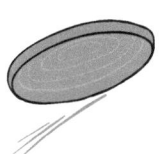

frisbee

le frisbee

uro

le mobile

brætspil

le jeu de société

terning

le dé

modeljernbane

le train miniature

sut

la sucette

fest

la fête

billedbog

le livre d'images

bold

la balle

dukke

la poupée

lege

jouer

sandkasse

le bac à sable

gynge

la balançoire

legetøj

les jouets

spillekonsol

la console de jeu

trehjulet cykel

le tricycle

bamse

l'ours en peluche

klædeskab

l'armoire

tøj

les vêtements

sokker

les chaussettes

strømper

les bas

strømpebukser

le collant

sjal
l'écharpe

paraply
le parapluie

T-shirt
le t-shirt

bælte
la ceinture

støvler
les bottes

hjemmesko
les pantoufles

sneakers
les baskets

sandaler
les sandales

sko
les chaussures

gummistøvler
les bottes de caoutchouc

underbukser
les sous-vêtements

BH
le soutien-gorge

undertrøje
le maillot de corps

body

le body

bukser

le pantalon

jeans

le jean

nederdel

la jupe

bluse

le chemisier

skjorte

la chemise

pullover

le pull

sweatshirt

le sweat à capuche

blazer

la veste

jakke

la veste

frakke

le manteau

regnfrakke

l'imperméable

kostume

le costume

kjole

la robe

brudekjole

la robe de mariée

tøj - les vêtements

jakkesæt
le costume

nattrøje
la chemise de nuit

pyjamas
le pyjama

sari
le sari

hovedtørklæde
le foulard

turban
le turban

burka
la burqa

kaftan
le caftan

abaya
l'abaya

badedragt
le maillot de bain

badebukser
le maillot de bain

korte bukser
le short

træningsdragt
tenue d'entraînement

forklæde
le tablier

handsker
les gants

knap

le bouton

briller

les lunettes

armbånd

le bracelet

kæde

le collier

ring

la bague

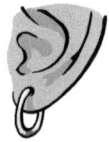

ørering

la boucle d'oreille

hue

le bonnet

bøjle

le cintre

hat

le chapeau

slips

la cravate

lynlås

la fermeture éclair

hjelm

le casque

seler

les bretelles

skoleuniform

l'uniforme scolaire

uniform

l'uniforme

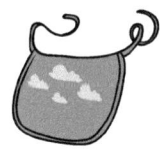

hagesmæk

le bavoir

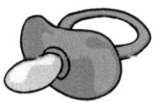

sut

la sucette

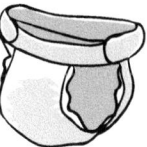

ble

la lange

kontor
le bureau

server
le serveur
arkivskab
l'armoire d'archivage
printer
l'imprimante
apir
papier
skærm
l'écran
skrivebord
le bureau
mus
la souris
mappe
le classeur
tastatur
le clavier
papirkurv
la corbeille à papier
computer
l'ordinateur
stol
la chaise

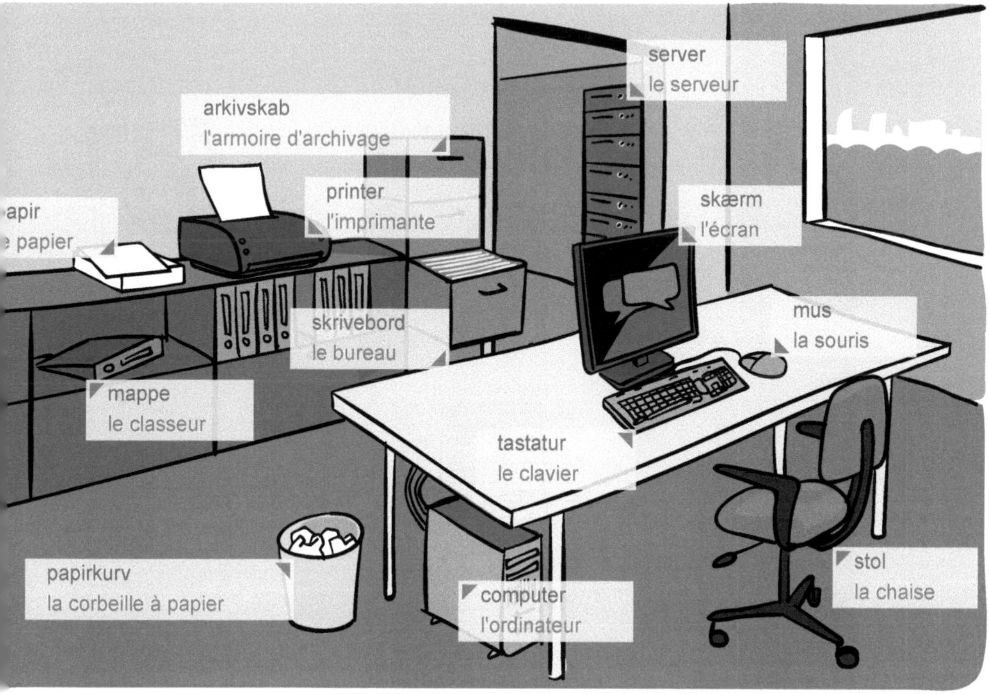

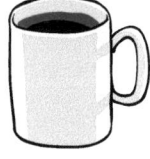

kaffekrus

la tasse de café

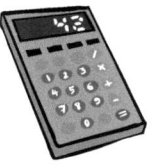

lommeregner

la calculatrice

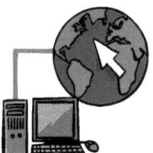

internet

l'internet

bærbar

l'ordinateur portable

brev

la lettre

besked

le message

mobil

le portable

netværk

le réseau

kopimaskine

la photocopieuse

software

le logiciel

telefon

le téléphone

stikdåse

la prise

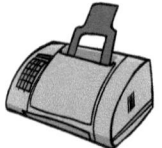

fax

le fax

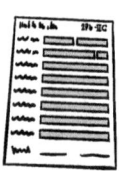

formular

le formulaire

dokument

le document

købe

acheter

betale

payer

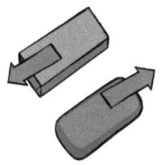

handle

faire du commerce

penge

la monnaie

dollar

le dollar

euro

l'euro

yen

le yen

rubel

le rouble

schweizerfranc

le franc suisse

renminbi yuan

le renminbi yuan

rupee

la roupie

hæveautomat

le distributeur automatique

vekselkontor

le bureau de change

guld

l'or

sølv

l'argent

olie

le pétrole

energi

l'énergie

pris

le prix

kontrakt

le contrat

skat

la taxe

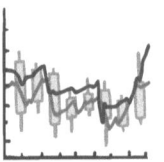

aktie

l'action

arbejde

travailler

ansat

l'employé

arbejdsgiver

l'employeur

fabrik

l'usine

butik

le magasin

erhverv
les professions

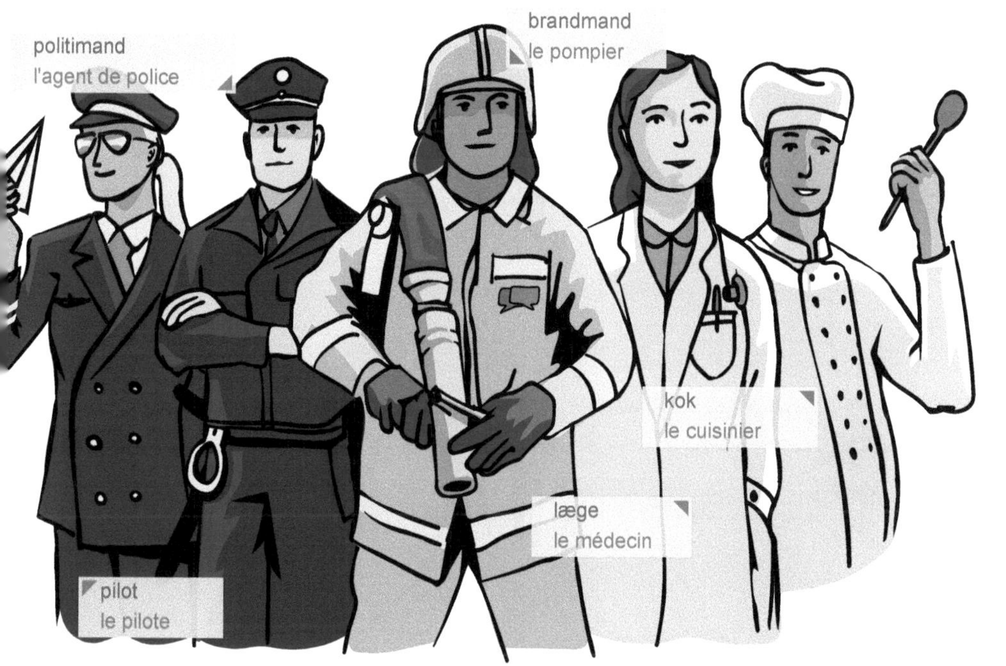
politimand
l'agent de police
brandmand
le pompier
kok
le cuisinier
læge
le médecin
pilot
le pilote

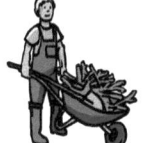

gartner
....
le jardinier

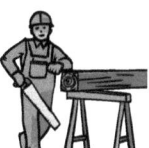

tømrer
....
le menuisier

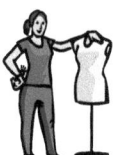

syerske
....
la couturière

dommer
....
le juge

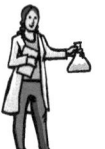

kemiker
....
le chimiste

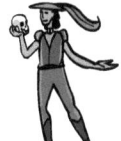

skuespiller
....
l'acteur

buschauffør

le conducteur de bus

taxachauffør

le chauffeur de taxi

fisker

le pêcheur

rengøringskone

la femme de ménage

tagdækker

le couvreur

tjener

le serveur

jæger

le chasseur

maler

le peintre

bager

le boulanger

elektriker

l'électricien

bygningsarbejder

l'ouvrier

ingeniør

l'ingénieur

slagter

le boucher

vvs-mand

le plombier

postbud

le facteur

soldat

le soldat

arkitekt

l'architecte

kasserer

le caissier

blomsterhandler

le fleuriste

frisør

le coiffeur

togfører

le contrôleur

mekaniker

le mécanicien

kaptajn

le capitaine

tandlæge

le dentiste

videnskabsmand

le scientifique

rabbiner

le rabbin

imam

l'imam

munk

le moine

præst

le prêtre

værktøj

les outils

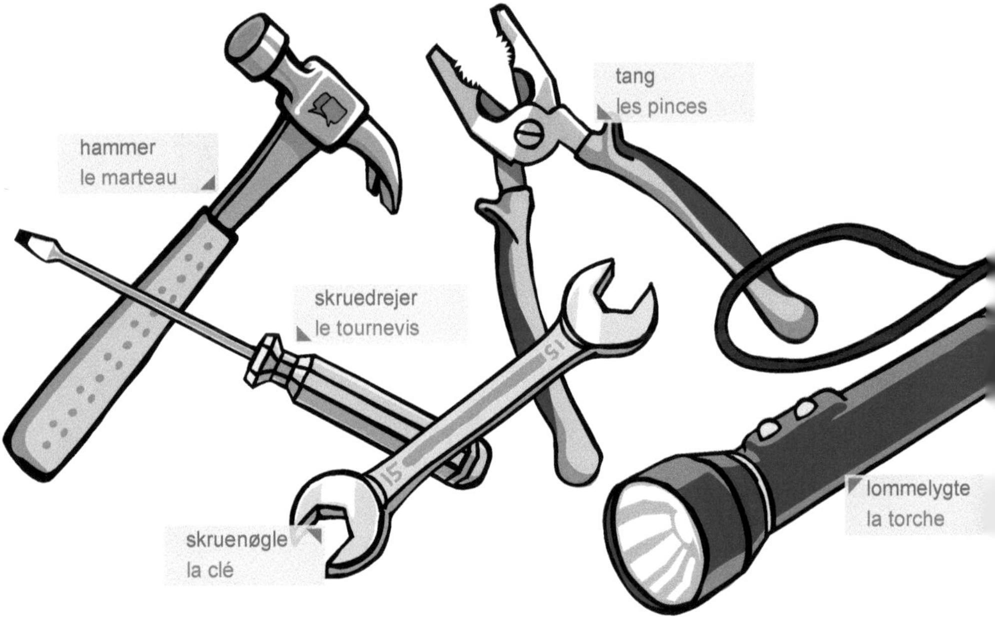
hammer
le marteau
tang
les pinces
skruedrejer
le tournevis
skruenøgle
la clé
lommelygte
la torche

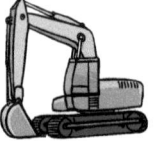

gravemaskine

la pelleteuse

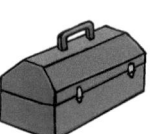

værktøjskasse

la boîte à outils

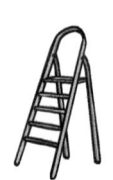

stige

l'échelle

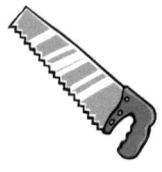

sav

la scie

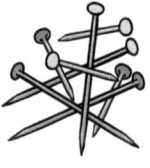

søm

les clous

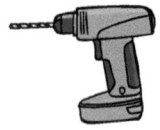

bor

la perceuse

reparere

réparer

skovl

la pelle

Lort!

Mince !

fejebakke

la pelle

malerspand

le pot de peinture

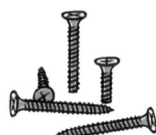

skruer

les vis

musikinstrumenter
les instruments de musique

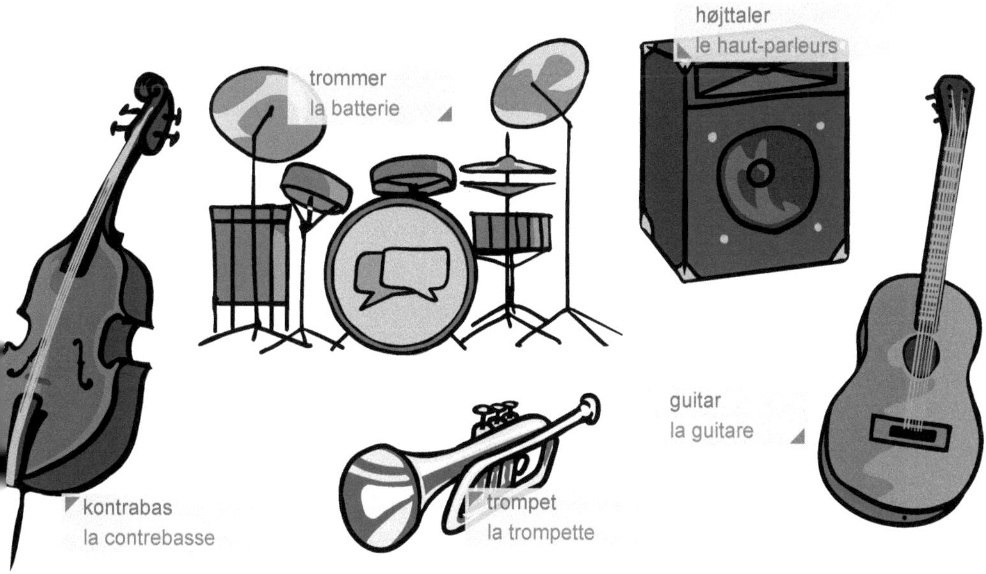

trommer
la batterie

højttaler
le haut-parleurs

guitar
la guitare

kontrabas
la contrebasse

trompet
la trompette

klaver

le piano

violin

le violon

bas

la basse

pauke

les timbales

tromme

le tambour

keyboard

le piano électrique

saxofon

le saxophone

fløjte

la flûte

mikrofon

le microphone

indgang
l'entrée

tiger
le tigre

bur
la cage

zebra
le zèbre

dyrefoder
l'alimentation animale

panda
le panda

dyr
les animaux

elefant
l'éléphant

kænguru
le kangourou

næsehorn
le rhinocéros

gorilla
le gorille

bjørn
l'ours

kamel

le chameau

struds

l'autruche

løve

le lion

abe

le singe

flamingo

le flamand rose

papegøje

le perroquet

isbjørn

l'ours polaire

pingvin

le pingouin

haj

le requin

påfugl

le paon

slange

le serpent

krokodille

le crocodile

dyrepasser

le gardien de zoo

sæl

le phoque

jaguar

le jaguar

pony

le poney

leopard

le léopard

flodhest

l'hippopotame

giraf

la girafe

ørn

l'aigle

vildsvin

le sanglier

fisk

le poisson

skildpadde

la tortue

hvalros

le morse

ræv

le renard

gazelle

la gazelle

amerikansk football
l'american Football

cykling
le cyclisme

tennis
le tennis

basketball
le basket-ball

svømning
la natation

boksning
la boxe

ishockey
le hockey sur glace

fodbold
le football

badminton
le badminton

atletik
l'athlétisme

håndbold
le handball

skiløb
le ski

polo
le polo

springe
sauter

give et knus
embrasser

grine
rire

gå
marcher

synge
chanter

drømme
rêver

bede
prier

kysse
faire la bise

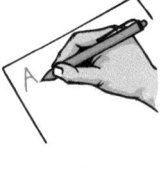

skrive

écrire

tegne

dessiner

vise

montrer

skubbe

pousser

give

donner

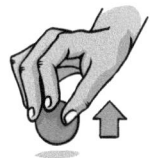

tage

prendre

have
avoir

gøre
faire

være
être

stå
être debout

løbe
courir

trække
trier

kaste
jeter

falde
tomber

ligge
être couché

vente
attendre

bære
porter

sidde
être assis

tage på
s'habiller

sove
dormir

vågne
se réveiller

se på

regarder

græde

pleurer

ae

caresser

kæmme

peigner

tale

parler

forstå

comprendre

spørge

demander

høre

écouter

drikke

boire

spise

manger

rydde op

ranger

elske

aimer

koge

cuire

køre

conduire

flyve

voler

sejle

faire de la voile

regne

calculer

læse

lire

lære

apprendre

arbejde

travailler

gifte sig med

se marier

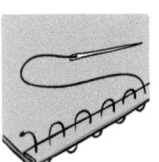

sy

coudre

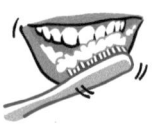

børste tænder

brosser les dents

dræbe

tuer

ryge

fumer

sende

envoyer

familie
la famille

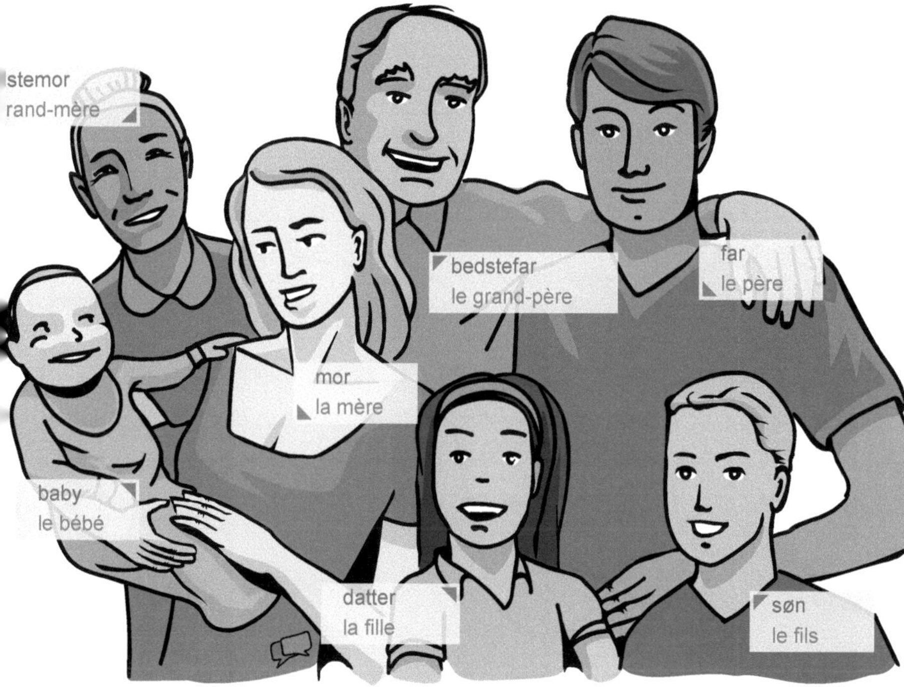
stemor
rand-mère
bedstefar
le grand-père
far
le père
mor
la mère
baby
le bébé
datter
la fille
søn
le fils

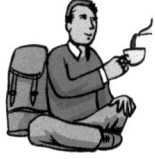

gæst

l'hôte

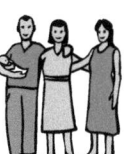

tante

la tante

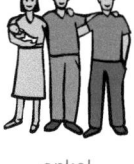

onkel

l'oncle

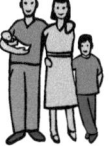

bror

le frère

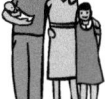

søster

la sœur

krop

le corps

pande
le front
øje
l'œil
skulder
l'épaule
finger
le doigt
ansigt
le visage
hage
le menton
hånd
la main
ben
la jambe
bryst
la poitrine
arm
le bras

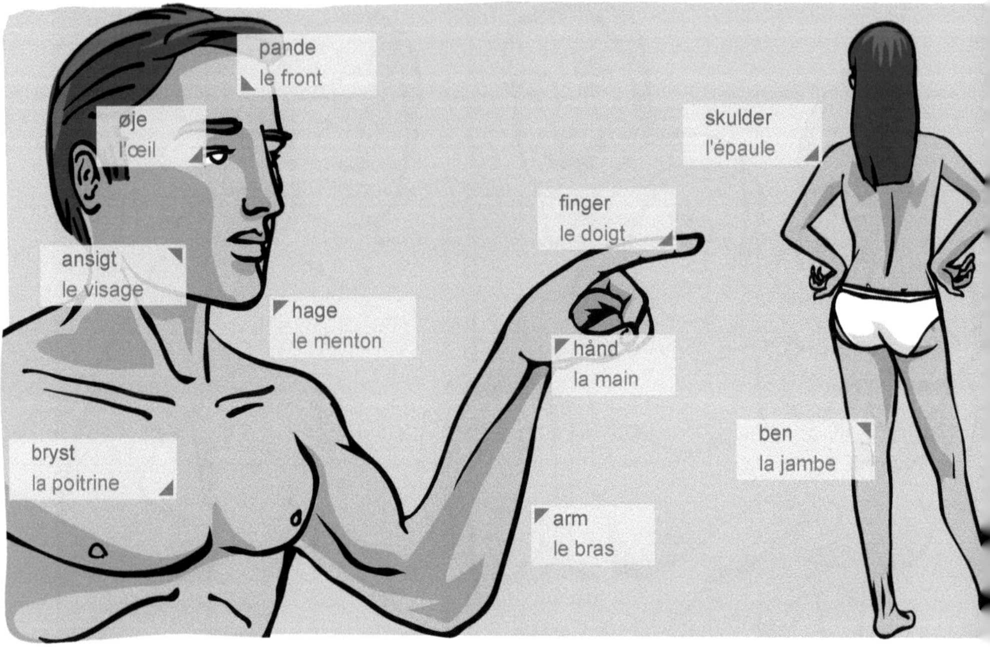

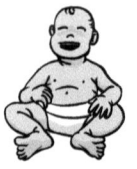

baby
le bébé

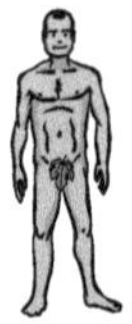

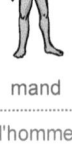

mand
l'homme

kvinde
la femme

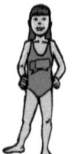

pige
la fille

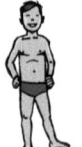

dreng
le garçon

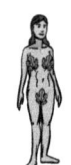

hoved
la tête

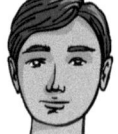

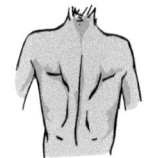

ryg

le dos

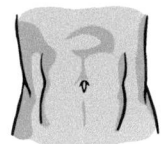

mave

le ventre

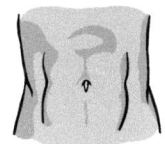

navle

le nombril

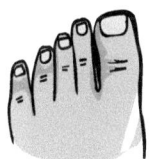

tå

l'orteil

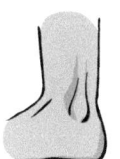

hæl

le talon

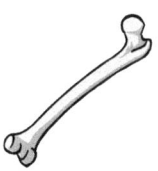

knogle

l'os

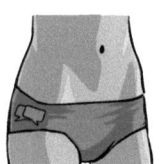

hofte

la hanche

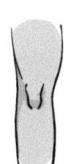

knæ

le genou

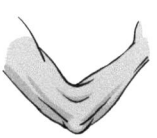

albue

le coude

næse

le nez

bagdel

les fesses

hud

la peau

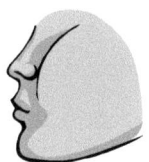

kind

la joue

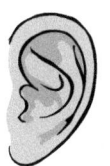

øre

l'oreille

læbe

la lèvre

mund

la bouche

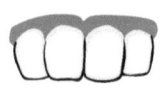

tand

la dent

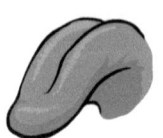

tunge

la langue

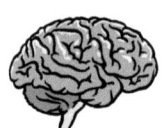

hjerne

le cerveau

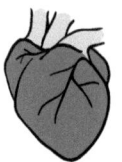

hjerte

le cœur

muskel

le muscle

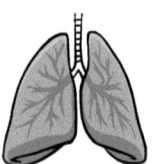

lunge

les poumons

lever

le foie

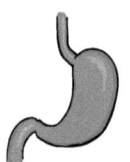

mavesæk

l'estomac

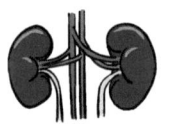

nyrer

les reins

sex

le rapport sexuel

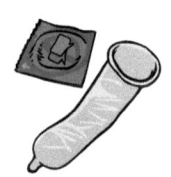

kondom

le préservatif

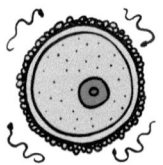

ægcelle

l'ovule

sperm

le sperme

svangerskab

la grossesse

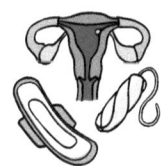

menstruation

la menstruation

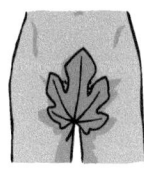

vagina

le vagin

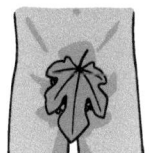

penis

le pénis

øjenbryn

le sourcil

hår

les cheveux

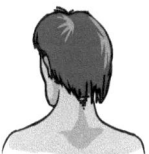

hals

le cou

sygehus
l'hôpital

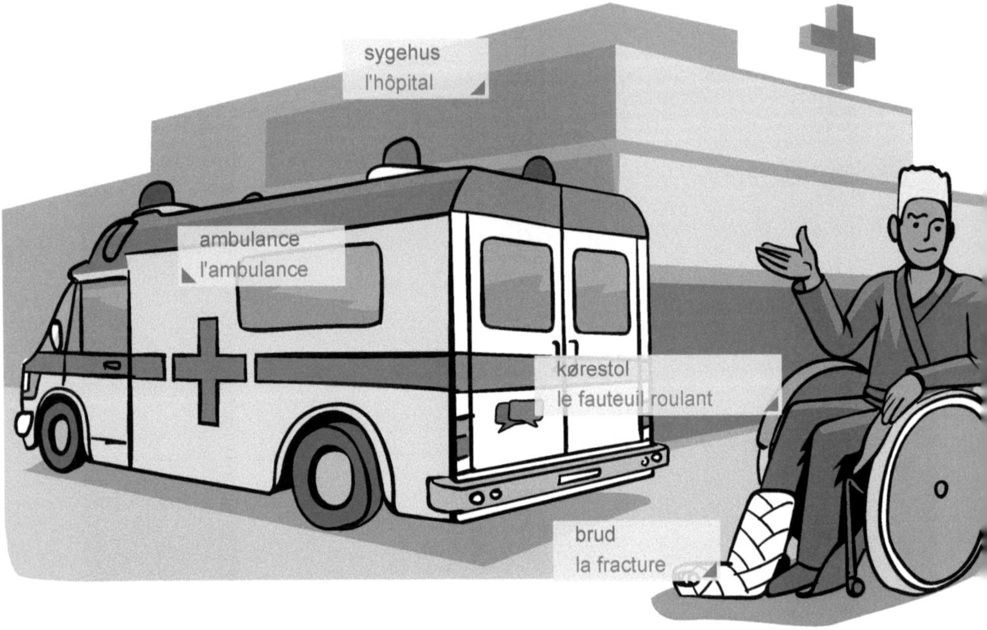

sygehus
l'hôpital
ambulance
l'ambulance
kørestol
le fauteuil roulant
brud
la fracture

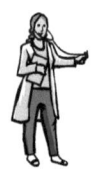

lægeㅤ
le médecin

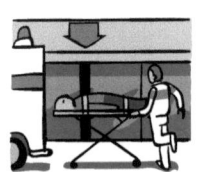

akutmodtagelse
le service des urgences

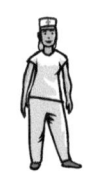

sygeplejerske
l'infirmière

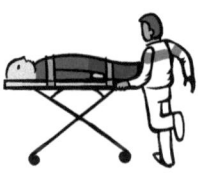

nødstilfælde
l'urgence

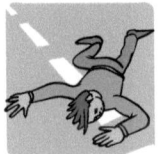

bevidstløs
inconscient

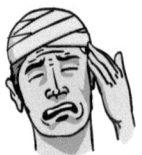

smerte
la douleur

skade

la blessure

blødning

l'hémorragie

hjerteinfarkt

la crise cardiaque

slagtilfælde

l'attaque cérébrale

allergi

l'allergie

hoste

la toux

feber

la fièvre

influenza

la grippe

diarré

la diarrhée

hovedpine

le mal de tête

kræft

le cancer

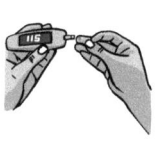

diabetes

le diabète

kirurg

le chirurgien

skalpel

le scalpel

operation

l'opération

CT

le CT

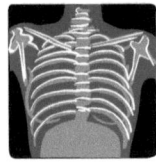

røntgen

la radiographie

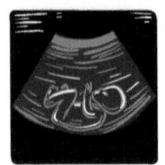

ultralyd

l'échographie

maske

le masque

sygdom

la maladie

venteværelse

la salle d'attente

krykke

la béquille

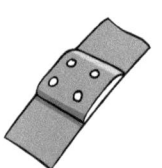

plaster

le pansement

forbinding

le pansement

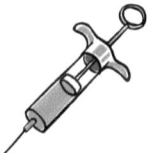

injektion

l'injection

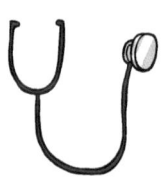

stetoskop

le stéthoscope

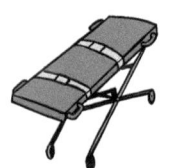

båre

le brancard

termometer

le thermomètre

fødsel

l'accouchement

overvægt

la surcharge pondérale

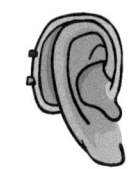

høreapparat

l'appareil auditif

desinficerende middel

le désinfectant

infektion

l'infection

virus

le virus

HIV / AIDS

le VIH / le sida

medicin

le médicament

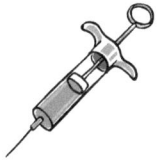

vaccination

la vaccination

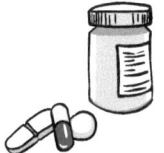

tabletter

les comprimés

pille

la pilule

nødopkald

l'appel d'urgence

blodtryksmåler

le tensiomètre

syg / rask

malade / sain

Hjælp!

Au secours !

alarm

l'alarme

overfald

l'assaut

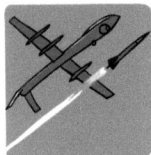

angreb

l'attaque

fare

le danger

nødudgang

la sortie de secours

Det brænder!

Au feu!

ildslukker

l'extincteur

uheld

l'accident

førstehjælps-kuffert

la trousse de premier
secours

SOS

SOS

politi

la police

Europa

l'Europe

Nordamerika

l'Amérique du Nord

Sydamerika

l'Amérique du Sud

Afrika

l'Afrique

Asien

l'Asie

Australien

l'Australie

Atlanterhavet

l'Océan atlantique

Stillehavet

l'Océan pacifique

Indiske Ocean

l'Océan indien

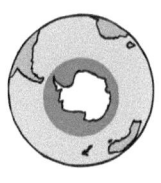

Sydlige Ishav

l'Océan antarctique

Ishav

l'Océan arctique

Nordpol

le Pôle nord

Sydpol

le Pôle sud

Antarktis

l'Antarctique

Jorden

la terre

land

le pays

hav

la mer

ø

l'île

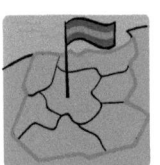

nation

la nation

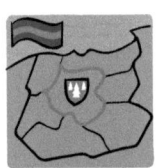

stat

l'état

urskive

le cadran

timeviser

l'aiguille des heures

minutviser

l'aiguille des minutes

sekundviser

aiguille des secondes

Hvad er klokken?

Quelle heure est-il ?

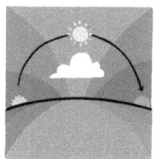

dag

le jour

tid

le temps

nu

maintenant

digitalur

la montre digitale

minut

la minute

time

l'heure

uge
la semaine

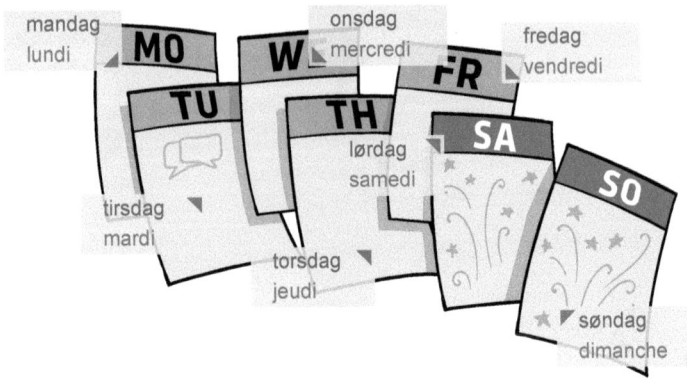

mandag / lundi
onsdag / mercredi
fredag / vendredi
tirsdag / mardi
torsdag / jeudi
lørdag / samedi
søndag / dimanche

i går

hier

i dag

aujourd'hui

i morgen

demain

morgen

le matin

middag

le midi

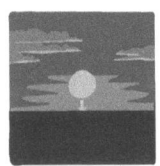

aften

le soir

MO	TU	WE	TH	FR	SA	SU
1	2	3	4	5	6	7
8	9	10	11	12	13	14
15	16	17	18	19	20	21
22	23	24	25	26	27	28
29	30	31	1	2	3	4

arbejdsdage

les jours ouvrables

MO	TU	WE	TH	FR	SA	SU
1	2	3	4	5	6	7
8	9	10	11	12	13	14
15	16	17	18	19	20	21
22	23	24	25	26	27	28
29	30	31	1	2	3	4

weekend

le week-end

år
l'année

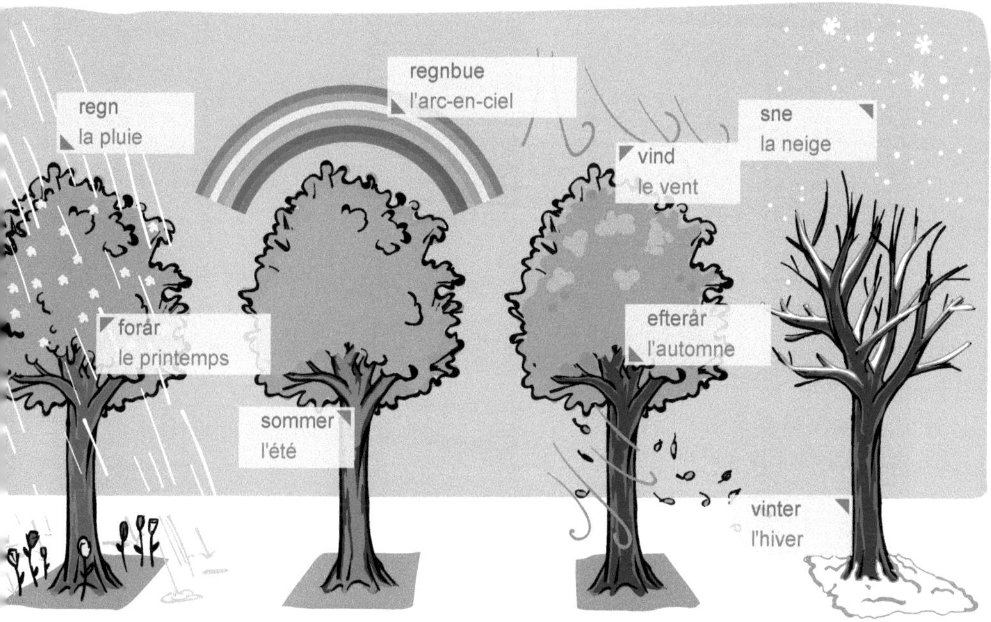
regn
la pluie
regnbue
l'arc-en-ciel
vind
le vent
sne
la neige
forår
le printemps
efterår
l'automne
sommer
l'été
vinter
l'hiver

4.APRIL 11°
5.APRIL 4°
6.APRIL 13°
7.APRIL 8°
8.APRIL 10°

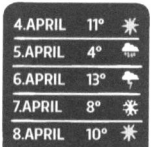

vejrudsigt
la météo

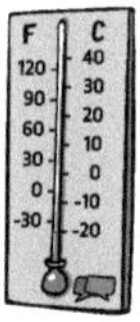

termometer
le thermomètre

solskin
la lumière du soleil

sky
le nuage

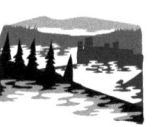

tåge
le brouillard

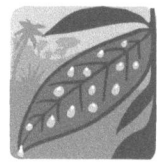

luftfugtighed
l'humidité

lyn

la foudre

torden

la tonnerre

storm

la tempête

hagl

la grêle

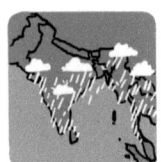

monsun

la mousson

flod

l'inondation

is

la glace

januar

janvier

februar

février

marts

mars

april

avril

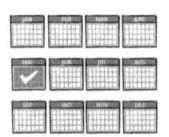

maj

mai

juni

juin

juli

juillet

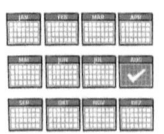

august

août

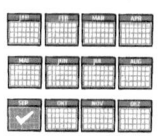

september
....
septembre

oktober
....
octobre

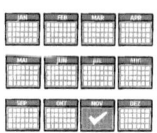

november
....
novembre

december
....
décembre

cirkel
....
le cercle

kvadrat
....
le carré

firkant
....
le rectangle

trekant
....
le triangle

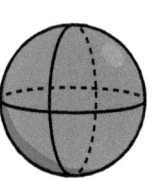

kugle
....
la sphère

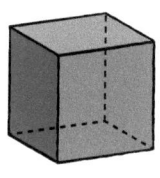

terning
....
le cube

les couleurs

hvid

blanc

gul

jaune

orange

orange

pink

rose

rød

rouge

lilla

violet

blå

bleu

grøn

vert

brun

marron

grå

gris

sort

noir

meget / lidt

beaucoup / peu

rasende / fredelig

fâché / calme

smuk / grim

joli / laid

begyndelse / slut

le début / la fin

stor / lille

grand / petit

lys / mørk

clair / obscure

bror / søster

frère / soeur

ren / snavset

propre / sale

fuldkommen / ufuldkommen

complet / incomplet

dag / nat

le jour / la nuit

død / levende

mort / vivant

bred / smal

large / étroit

spiselig / uspiselig

comestible / incomestible

vred / venlig

méchant / gentil

ophidset / kedet

excité / ennuyé

tyk / tynd

gros / mince

først / sidst

le premier / le dernier

ven / fjende

l'ami / l'ennemi

fuld / tom

plein / vide

hård / blød

dur / souple

tung / let

lourd / léger

sult / tørst

faim / soif

syg / rask

malade / sain

illegal / legal

illégal / légal

intelligent / dum

intelligent / stupide

venstre / højre

gauche / droite

nær / fjern

proche / loin

ny / brugt

nouveau / usé

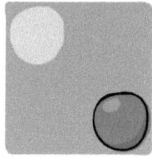

intet / noget

rien / quelque chose

gammel / ung

vieux / jeune

tændt / slukket

marche / arrêt

åben / lukket

ouvert / fermé

stille / højt

faible / fort

rig / fattig

riche / pauvre

rigtig / forkert

correct / incorrect

ru / glat

rugueux / lisse

ked af det / lykkelig

triste / heureux

kort / lang

court / long

langsom / hurtig

lent / rapide

våd / tør

mouillé / sec

varm / kold

chaud / froid

krig / fred

la guerre / la paix

0

nul

zéro

1

en

un / une

2

to

deux

3

tre

trois

4

fire

quatre

5

fem

cinq

6

seks

six

7

syv

sept

8

otte

huit

9

ni

neuf

10

ti

dix

11

elleve

onze

12

tolv

douze

13

tretten

treize

14

fjorten

quatorze

15

femten

quinze

16

seksten

seize

17

sytten

dix-sept

18

atten

dix-huit

19

nitten

dix-neuf

20

tyve

vingt

100

hundrede

cent

1.000

tusinde

mille

1.000.000

million

le million

engelsk

l'anglais

amerikansk engelsk

l'anglais américain

kinesisk mandarin

le chinois mandarin

hindi

le hindi

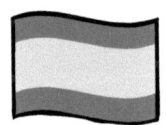

spansk

l'espagnol

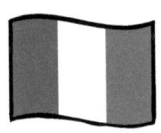

fransk

le français

arabisk

l'arabe

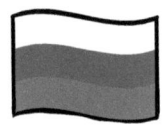

russisk

le russe

portugisisk

le portugais

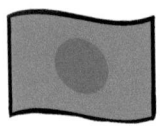

bengalsk

le bengali

tysk

l'allemand

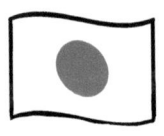

japansk

le japonais

jeg

je

du

tu

♂ ♀ ○

han / hun / den / det

il / elle / ce, c', cela

vi

nous

I

vous

de

ils / elles

hvem?

Qui ?

hvad?

Quoi ?

hvordan?

Comment ?

hvor?

Où ?

hvornår?

Quand ?

HELLO, I AM

navn

le nom

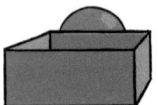

bag

derrière

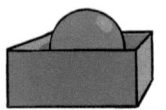

i

dans

foran

devant

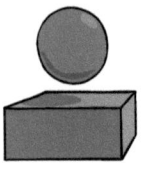

over

au-dessus

på

sur

under

en-dessous

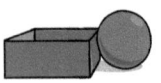

ved siden af

à côté de

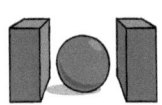

imellem

entre

sted

le lieu